JN438473

노송老松

노송老松

김환생 시집

신아출판사

〈두 번째 詩集을 내며〉

처음 시집을 내고 어느새 4年이 지났다.
그 4年 동안의 迂餘曲折들이 走馬燈처럼 스친다.

順從하는 삶을 살고 있는가?
謙遜하게 살아왔는가?
범사에 感謝하며 살아왔는가?

그처럼 살려고 해왔으나 일흔 셋 나이, 여전히 허물이 많다. 부끄럽다.

몇 년 전 他界하신 어머님을 항상 그리며 살아왔다.

넉넉지 않은 가정 형편이나 모든 일에 알뜰하고 정성스러운 사랑스런 아내 〈蔡舜姬〉 勸士에게 감사한다. “아빠 시집 내는데 조금이라도 보태겠다.”고 어려운 가운데 도움을 준 딸 〈洵我〉에게도 고마움을 전한다.

그리고 아직 어린나이이지만 사랑스런 손녀 〈金辰書〉, 손자 〈金欧成〉, 외손자 〈成誾材〉에게 이 詩集으로 할아버지를 기억케 하고 싶다.

여러 가지 형편 때문에 지긋하신 나이에 공부를 하시면서도, 語訥한 내 말에 귀를 기울여 주시며 당신들이 살아오신 높으신 경륜과 지혜로 나에게 감동을 주시는 어르신들에게 감사를 드린다. 아울러 그런 가르침의 길을 갈 수 있도록 해준 「남일초 · 중 · 고등학교」와 여기에서 함께 근무하는 선생님들께도 감사를 드린다.

이 詩集이 나올 수 있도록 도와주신 전라북도 '문화관광재단' 여러분들에게 특별히 감사드린다.

부족한 내 詩를 읽어주시고 격려와 함께 詩評을 해주신 〈蘇在浩〉 회장님께 감사를 드린다. 이 詩集이 나오기까지 편집과 교정, 인쇄 등 모든 과정을 살펴주신 '신아출판사' 〈서정환〉 사장님과 출판사 모든 분들께도 깊은 감사를 드린다.

靈魂의 깊은 곳을 비춰줄 수 있는 詩를 쓸 수 있도록 더 많은 격려와 지도를 부탁드리며 아직 부끄럽고 서투른 詩들을 보여드린다.

이 시집을 통하여 주님께 영광을 드립니다.

– 2019년 8월 30일(金) 中華山洞 陋屋에서 韋堂 金桓生

차례

달빛(2)

보리 패는
五月은
바람도 氣盡脈盡

허기진 배
샘물로 벌컥벌컥 채워도
달밤 그냥 즐겁던
마당재

긴 머리
달빛에 감아 두르고
너울너울 춤을 추던
상엿집 가시내의
환장하게 아름다운
그림자

지금은
그런 달빛도
달빛에 그림자를 비춰보는 아이들도
없지만

짚여물 넣어
黃土로 이겨 바른
흙벽의 틈새로 스며든 달빛에
부엉이 울음 섞여 들리던
그 시절이 정말 그리워

우러러 달
바라보노라면
마치, 어젯밤 일인 양
달빛에 어리는
상엿집 가시내의
고운 그림자
아아!
뼈저리도록 슬픈 춤사위

ㅁ 마당재: 전주시 남노송동 기린봉麒麟峰 아래에 있는 마을

생명

어쩌다 잠에서 깨어
밖으로 나간다.

산도
별도 모두
깊이깊이 잠들어 있는 호젓한 밤

내 숨소리를 들으며
〈지금〉
〈살아있음〉을 안다.

어느 날
先山의 풀을 베다가
가슴속을
섬광처럼 비치는
〈내가 묻힐〉과
〈바로 여기〉의
깨달음에
한참동안 낫질을 멈추던
그때처럼……

오늘밤
숨 쉬고 있음에 감사한다.

—생명은 가장 아름답습니다.
—생명 이상의 감동은 없습니다.

눈目

눈은 사물을 본다.
보이는 것을 〈있다〉고 한다.

평수 넓은 아파트와
외제 승용차
몇 개월 분 월급의 머리핀을 꽂은
阿片 같은 여자들이
떼거리로 사는
〈서울〉이라는 도시

가진 자들은
다달이 빚이나 지고
허덕이며 사는 이웃들의
혹시 모를
집단폭행이나 약탈로부터
그 떼거리들이 편히 살기 위하여
가난한 사람들을 모두
없애버리고도 싶을 것이다.

그러나 보이는 것
그것만이 〈있는〉 것이리.

너무너무 작아서
맨 눈으론 볼 수 없지만
공기 중에 섞여 사는
가지가지 세균들
우리들의 몸속에도
엄청난 세균들이 있다.
그것들은 그대로 〈있는〉 것이다.

그렇다면 볼 수 없다고
〈없는〉 것이 아니다.

부패나 비리, 비탄 · 절망이나
긍지 · 보람 · 봉사와 헌신 같은 것들은
눈으로 아니 보여도
〈있지 않다〉 못한다.

〈서울〉에 사는
阿片 같은 여자들이여!
값비싼 코트를 입고
한끼 몇 십만 원인 식사를 즐긴다고
당신들의 목숨에

百年을 더할 수가 있는가?

눈을 바로 뜨자.
우리 주변엔
볼 수 없고 또
보이지 않기 때문에
더욱 완전한 모습으로 존재하는
절제와 연민
矜恤 · 謙虛
〈서로 사랑함〉도 있음을 알자.

날개

날고 싶다
날고 싶다

멀리 높이
오래오래 날려면
세상살이 욕심을 비우란다.
날개를 지탱하는
죽지뼈도 비우란다.

그러고도 죽지에
혹시 남은
슬픔이 있는가?

그마저 훌훌 털어
상처투성이의
가슴속까지 투명하게 비쳐야
비로소 구름보다 더 높이
하늘을 날 수 있단다.

난다는 것은
바람을 타는 일

버릴 것 다 버리고
바람에 온몸
그냥 맡기는 일이지.

그러나 너무
억울하고 기막혀서
끝끝내 갚아야 할 슬픔이 있다면
그것은 어쩌지 못할
情 때문이거니……

하늘을 훨훨
날고 싶은가?

情이
무거운 짐이 될 양이면
이도저도 다 버리란다.

아아! 높고 높은 하늘
아득한 저 하늘

사랑

다가가도
다가가도
더욱 渺然한

당신의 가슴에
닿을 수나 있을까?

힘겨운 세월에
잔주름 흰머리
날로 늘지만
아직 당신은
열일곱
부끄러운 純粹로

그렇게 수줍은
사랑입니다.

노래(3)

생전에
만나고
헤어지는 노래

내 영혼이 부르는
생명의 노래

오늘도
그 悔恨뿐인
사랑의 노래

하늘을 우러러
낯부끄러워라.

昇天

꽃에도 혼이 있어
혼이 나가면 꽃이 시든다.

빨간 혼은 빨간 꽃
노란 혼은 노란 꽃
하얀 혼은 하얀 꽃을
색색으로 피우다
어느 날 홀연히
하늘로 불려 가는데
이를 昇天이라고 한다.

하늘에 올라가
혼은 제 빛깔대로
빨간 별 노란 별
하얀 별이 되어
하늘의 울안을
빛깔대로 밝혀주는데

千里 길
혹은, 萬里 길
밤하늘을 헤치며

길을 찾아오다
지쳐 있는 사람들의
마지막 旅程의
길잡이가 되어
새벽하늘에 빛나는
黎明

영혼이 슬픈 사람들에게
그 혼의
昇天이 이루어진다.

논두렁

비가 오고 있다
천수답 논배미
넘쳐나는 장대비에도
흘러가지 못하는
농부의 평생 시름이
논두렁에 고여
개구리 울음을 운다.

비만 오면
시도 때도 없이 무너지는
논두렁

힘들게 삽질하여
흙을 돋우고
물길을 내놓아도
한꺼번에 쏟아지는 비가
급류되어 흐르면
논두렁은
힘없이 무너졌다.

논두렁이 무너지면

농부의 뼈마디도
부서진 황토 흙이 되어
삭아 내리고
비비꼬인 힘줄로
다시 논두렁을 세우는
농부의 굽은 허리는
꼬부라진 세월만큼
저리고 슬픈데

펴지지 않는
제 허리
굽은 줄도 모르고
오직
처자식 먹여 살려야 한다는
억척스런 마음 하나로
농부는 삽질을 한다.

무너진 논두렁에
외롭게 서서
넘쳐나는 평생의 시름을
괭이질할 뿐이다.

논두렁은
오래 전에 돌아가신
우리 아버지들의
불끈불끈 솟구친
그러나 참으로 따스한
핏줄이었다.

흙

한 줌
흙 속
수십 억
다 헤아릴 수도 없는
생명들이
살기 위해
끊임없이
투쟁하는 동안

흙은
생명의
모든 殘骸를
제 속에
간직함으로
萬象을
변화시킨다.

西쪽

새벽 微明으로
동쪽을 알 듯
해질 무렵
하늘의 이내를 보고
서쪽을 알지
산마루
황금빛 저녁놀
불씨처럼 사위어 가는
서쪽 하늘을 알지.
거기 서쪽 하늘에
젊은 날의 꿈들이 모여
잠깐 빛나고
사라지며
붉은 저녁놀
곱게 떨어지는 세상
'아름다운 세상'이라고
속삭이지.
힘들고 어렵지만
아름다운 세상
그렇게 사는 거야.
마음먹은 대로 안 되어도

그냥 그런대로
감사하며 살라고
조용히 타이르지.

모래

여름 바닷가
白沙場에서
파도에 씻기는
모래들을 본다.

뭍에서 씻겨온
흙더미들이
바다에 이르러
거북한 舍利들을 내던지고
실로, 오랜만에
자유롭다.

햇빛에 타는
모래알 하나하나가
바위에 부딪치는 파도들의
골病도 쓰다듬고

지금 막
파도에 밀려온
조개껍질이
모래에 섞여

부서지고 있다.

조개껍질에서
五色의 빛이
하늘로 흩어진다.

대竹 숲에서

대나무 숲에 바람이 분다.
댓잎 하나하나가
바람이 되어
대 숲을
흔든다.
모든 대나무가
서로
그늘이 되겠다며
파란부채를 흔들어
한여름
땡볕에 흐르는
땀을 걷어주고 있다

삶

살아있으므로
괴로운 게야
목숨 부지해있기 때문에
시달리는 거야.

그러나
그 괴로움과
그 시달림이
얼마나 고맙고
감사한가.
아름다운 일인가.

'개똥밭에 굴러도
저승보다 이승이 낫다'는
그 말
항상 생각해보아도
신선한 충격이다.

自畫像

어느 날
길을 가다가
쇼 윈도우에 비치는 내 모습을 보고
소스라쳐 놀란다.
마른 몸에
장승처럼 뻣뻣한 걸음
벗겨진 대머리
축 늘어진 어깨
움푹 패인 눈에 돋보기
누런 이齒를 드러내고
바보 같이 웃는
내가 보기에도 잘나지 못한
내 모습을 보니
참 측은하다.
그래서 사람들이
영화배우를 동경하고
잘생긴 탤런트를 찾기 위해
하루 종일 바쁜가 보다.

은행나무

은행나무가 쓰러졌다
강한 바람을 힘들게
버티다가
버티다가
뿌리를 드러내고
쓰러졌다.

큰바람에 넘어지는 것이
어디 은행나무뿐이랴
쓰러진 은행나무를 위해
나는 무엇을 해줄 수가 있는가?

虛空

虛空이 뒤집히면
空虛가 되지

허공 속에는
빈 공간이 있지만
공허 속에는
무엇이 있을까?

내 영혼에도
빈 공간이 있어서
혹
뒤집혀
虛空이 되지는 않을까?

산길

산에 가보라.
산에 오르는 길이
보이지는 않지만
산에 가보면
산길은 상당히 많다.

가파른 길
평탄한 길
오르막 길
내리막 길
사람 살아가는 길도
여러 길이다.

때로는 소나무 밑동에 앉아
등을 타고 흐르는 땀을
식히기도 하고
어느 날에는 벼랑에서
아슬아슬한 고비도 맞는다.

산길은
사람의 편리를 위해

사람들이 만들지만
짐승들의 이동이 만든 길들도 있다

산에 가보면
여기저기 산길이 많다.

돌

우연히
반짝이는 돌을 주워
물에 씻었다

처음엔
반짝이는 돌에서 느껴지는
호기심 때문이었지만
시간이 지날수록
돌의 이름이 알고 싶고
그 성분이며
용도와 출처 등
돌에 대한 궁금증으로
돌을 바라본다.

그러나 요즘은
돌에 대하여
관심이 적다.

반짝이는 것 말고는
그 돌은
보통의 돌들과
별다른 차이가 없다.

아무래도

있어야 할 것
그 자리에 없으면

가령
단추가 떨어져
헐렁한 양복이며
대머리의
빛나는 머리는
아무래도
허전하다.

想像

예수의 모습은 어떤 모습이었을까?

나사렛 시골 마을
가난한 목수의 아들
예수의 참 모습은
정말로 어떤 모습이었을까?

땟물이 흐르고 있었을 것이다
꾀죄죄한 마포를 두르고
형편없는 신발을 신고
시골 촌사람의 사투리를 쓰며
잘 생기지 못한 얼굴로
바리새인과
사두개인들에게
말씀을 전하셨을
그의 모습에서
신성과 영광을 볼 수 있던 사람들이
과연 한 사람이나 있었을까?

그래서 예수는 십자가에 못 박혀
하나님의 거룩하신 사업을

다 이룰 수가 있었을 것이다.

상상이란 즐거운 것이며
완전에 이르는 방편이 될 수가 있다.

생일 아침에

이제 비로소
철이 드는가보다.
나이 들면서
오만가지 분노가 삭고
미움도 사라지고

맹물로 오른
생일 아침상이며
아내의 미안해하는 마음이
그렇게 아름답고
감사하구나.

짐

무슨
무거운 짐을 지고 있는가?

주님 말씀이
-수고하고 무거운 짐 진 자들아
다 내게로 오라 내가 너희를 쉬게 하리라-
하셨거늘

하나님이 주신 영역에서
하나님의 주신 일
그나마 내 힘으로는 못하고
하나님과 함께
가까스로
조금하다 가거늘

그것을
어찌 짐이랄 수 있을까!

모세

모든 것
다 바닥이 보여
절망에 잠겨 있을 때에도
하나님은 함께 해주신다.

육체로도
지식으로도
아무것으로도
할 수 없음을 고백할 때
하나님은 비로소
그를 들어 사용하신다.

과거를 아니 묻고
지금 가진 것만을 물어보신 하나님은
모세에게 명하여
지팡이 하나로
애굽으로 가라 하신다.

지금 가진 것
지팡이 하나만으로
모든

이적과 권능을 행하시는
하나님은

지금 가진 것
그것만을 물으시고
그것으로
역사를 이루어 가신다.

까치

하얗게
눈이 덮인 들에
몽실몽실 살찐 까치들

주둥이를
쉴 새 없이 재잘거린다.

논바닥엔
떨어진 볍씨도
남아 있지 않을 텐데……

어느 정미소를
매일 털어 먹었는지

너나없이
어려운 시절에
목에
금테 두른 까치들만
유별나게 살이 쪄
떼지어난다.

形像

하나님이 사람을 만드실 때
〈우리의 形像을 따라 우리의 모양대로〉
사람을 만드셨다고 했는데

어떤 모습이었을까
그 형상은?

처음 만드셨을 때
그 최초의
손의 동작과
얼굴의 표정과
무릎의 자세를 생각해본다.

가장 아름다운
순수하고
맑은
눈빛으로
하나님을 경외하는
그 모습을 상상해본다.

참으로 하나님 보시기에

흡족하여
〈보시기에 심히 좋았더라〉고
말씀하셨을 텐데

그러나 지금은
아무도
하나님께 영광을 드리지 못하고

영혼조차
한줌 재로 버려져
강물을 오염시키고 있다.

항아리

어떤 나라의
民譚입니다.

가난한 집의 혼인 잔치에
포도주가 필요했는데
이웃 집집마다
포도주를 한 병 씩 가지고 와서
큰 항아리에 부어
혼인을 축하해주기로 하였답니다.

결혼식이 끝나고
피로연이 시작되었습니다.

포도주가 가득 담긴
큰 항아리도 가져 왔습니다.

이윽고 술잔이 돌았습니다.
그러나
어떤 賀客들도
포도주를 마실 수는 없었습니다.

항아리 속에는
맹물만 있었답니다.

거울 앞에서

거울을 본다.

얼굴이 보인다.
거울 없이는 볼 수 없는
그 얼굴의 耳目口鼻

내 것이면서 볼 수 없는
저 얼굴이
정말 〈나〉인가

거울 없이 보고 싶다.

뒤통수와
목덜미와
나를 지탱해주며
슬프게 굽은 등뼈의
등마루와
등골과

저 깊은 곳에서
五臟六腑와 함께 썩어 가는

野한 핏줄과
低級의 영혼이
정말 나의 것인가

꼭 한 번 보고 싶다.

萬頃江(4)

가자! 어서 가자.
萬頃江으로

雨水 驚蟄 지나면
大洞江도 풀린다는데
아직도 녹지 않은 얼음이
혹시 만경강에 남아 있는지?

미움이란 남길수록
남도 자기도 괴롭히는 법

강둑의 마른 갈대
쥐불에 활활 태우듯
미움일랑 모두 태워 버리라고
어느 날 어떤 八旬의 殯所에서
귀동냥으로 들었다.

亡者가 먼 길 떠나며
가볍게 흔들리는 弔燈 앞에서
뒤따르는 사람들에게
마지막으로 속삭이는 말

〈미워하지 말고 서로 사랑하라〉

그래 가자!
萬頃江으로 어서 가보자.

雨水 驚蟄이 모두 지나도록
아직 얼음이 남아 있다면
그것은 우리 마음속에 응어리진
미움 탓일 것이니……

목욕탕에서

목욕을 한다.
입은 옷 훌렁 벗고 때垢를 벗긴다.
때만 벗겨내면
깨끗하게 되는가?
목욕하는 사람들마다
정말 깨끗하게 되어 千萬年이라도 살 양
온몸의 때를 샅샅이 벗겨낸다.

그러나 벗겨내고 벗겨내도
때를 다 벗겨낸 사람이 있느냐
몇 百年을 사는 사람이 있느냐
세월에 할퀸 만큼씩
선명하게 남은 이마의 주름이
아무리 벗겨내었어도 그대로 남아 있듯
짓밟고 살아온 人情의 두께만큼이나
발바닥에 거칠게 박힌 군살을
벗겨낼 수가 없다.

때를 벗겨낸 더러운 물이
下水溝로 흐른다.
몇몇 肥滿症인 사람이

탕 속에 들어가자
물이 넘친다.
넘치는 그 물도 下水溝로 흐를 것이다.

목욕탕에서는
나의 바로 옆, 덩치 큰 사람도
나와 등 돌리고 앉은 키 작은 사람도
누구든 그냥 벌거숭이일 뿐
서로가 서로를 확인할 필요도 없고
또 누가 되었거나 관심을 가질 필요도 없이
때를 벗기면 된다.
땀을 흘리며 오로지 때를 벗길 뿐이다.

저 風神난 알몸들의 율동에 맞춰
나도 여기저기 때를 벗긴다.
때를 벗기면 깨끗케 되어
흡사 천년이나 살 것 같은 기분으로……

그러나 오늘
때가 이렇게 많이 나오는 내 몸뚱이는
왜 이렇게 슬픈가!

졸음

졸음이 온다.
진달래, 개나리가
둘로 보이다
셋으로도 보인다.
앞에 앉은 사람이
하나로 보이다가
둘로도 보인다.
어느 꽃이 진짜 꽃인가
어느 쪽이 참 사람인가?
졸음이 오니
모든 것들이
둘로 셋으로 보여
分別할 수가 없다.

목련에게

꽃피는 四月
목련에게 보여줄 것이
黃砂뿐인가.

목련꽃이 앓고 있다.
결막염
피부병
기관지염

사나흘 피기 위해
그렇게 긴 겨울을 견디어낸
목련꽃에게
나는 할 말이 없다.

구제역으로 죽어 가는 가축과
산불로 타버린 숲
오다마는 흙비土雨조차
너를 슬프게 하지.

利己心이 선동한
罷業과 誹謗에

四月이
死月로 추락하여
한 송이 꽃을 피우기도 어렵게
세상은 변했단다.

어쩌자고 이 惹端인가.
어쩌자고 이리 騷亂들인가.

이런 四月이
너도 싫지, 너도 지겹지.
나도 정말 슬프단다. 목련꽃아!

奇蹟

아침에 일어나
숨을 쉬는 일이
우리에게는 기적입니다.

내일 일어날 수 있다는 확신으로
잠자리에 눕는 사람이
몇이나 됩니까?

알고 믿지 않고
믿음으로 아는 우리들

매일 매일 일어나는
모든 일들이
우리에게는 기적입니다.

그렇지만
全能하신 분에게는
기적이란 없습니다.

植木日

내가 나무를 심는 것은
바람을 위해서이지.
바람이 불어도
흔들어댈 아무 것도 없다면
바람이 얼마나 비참해하랴.

그래서 나는 나무를 심지.

나무가 있어야
제 성깔에 미쳐
함부로 난동을 부리는 폭풍에
넘어져 주어
세상이 평온해지지.

그런 속내를 바람이 알건 모르건
내가 나무를 심는 것은
바람을 위해서이지.

나무들은 얼마나
바람을 사랑하고 있는가.

꽃(2)

꽃이 피었다.
왜 아름답다 느끼는가?

색깔, 형상, 상상력
아니면
꽃 그 자체 –

오늘 아침
문득 알았다.

〈꽃〉
그 말이 아름답다는 사실을

智異山

산이 높으면 골짜기도 깊어!

〈智異山〉
흐르는 江도
나무도 淸淨하다.

봉우리 많고 계곡도 많고
굽이굽이 산길마다 사연도 많고

아직도
반선을 떠나지 않은 戰爭의 哀歡이
마음을 많이도 아프게 한다.

－노고단, 반야봉, 천황봉
－피아골, 성삼재, 정령치

위험이 큰 곳은
그래서 絕景인가!

이 골 저 골 山寺의
讀經소리에

煩惱를 씻은 물이
蟾津江으로 흐르고
산수유, 진달래, 개철쭉, 매화꽃들이
온갖 색으로 피어 장엄하다.

봄마다
끊임없이 成佛하는
智異山

해질녘
크고 넉넉한 그림자가
하늘을 덮는다.

파일 時代

전원을 넣고
컴퓨터를 켠다.
하루의 출발이 부팅으로 시작된다.
지금 하는 일은
그림을 변형하는 일이다.
버전6.0인 PSP에서
확장자가 JPG인
그림파일을 불러내어
내가 원하는 부분만큼 잘라내어
새로운 모습으로 만든다.
복사하고 붙이고
그림자를 주기도 하고
크기도 마음대로 조절한다.
푸른색을 노랗게
까만색을 흰색으로도 바꾼다.
동그란 얼굴이 보기 싫으면
마우스로 길게 만들어
저장만 하면 된다.
동양사람을 서양인으로 만들려면
머리만 떼어다 붙이면 된다.
컴퓨터 속에서

파일로 옮겨 다니는
우리들의 영혼이
다른 엉뚱한 파일 속에서
음산하게 킬킬거리고 있다.
컴퓨터를 사용하여
한 사람의 인격을
마음대로 복사하고 붙이고
덮어쓸 수도 있다.
가난한 사람을 부자로 이름 바꾸고
악한 사람을 선한 사람으로 저장하여
새로운 그림으로
불러내 보았는가?
현재를 과거로
나를 너로
행복을 불행으로도 저장하는 시대에
우리들은 살고 있다.

할머니 山所에서

－민들레에게－

너는 흙이었으니
흙이 되거라.

세상일 온갖 是非에 바동거리지 말고
오냐! 기쁘게 흙이 되거라.

산비탈 黃土가 되든
연못의 진흙이 되든
우리들이 알 바 아니지.

어쩌다 흙을 비비면
아득히 느껴지는 할머니……

아아 이 흙의
고운 感觸이
할머니 살아 生前의 눈물이었구나.

민들레야
민들레야
이승의 얽힌 因緣 죄다 풀어서

바람에 훌훌 날리고

너도
흙이 되거라.

共同墓地

모든 살아 있는 것들의
緊張과
迂餘曲折과
無秩序와
混亂.
생명이 숨 쉬는 세상은
야단스럽고 시끄럽고
분주하고
잠시도 조용하지가 않지.

죽어 있는 것들에 愛憎이 있나 보라.
사랑도 없고
질투도 없고
미워하거나
시기하지 않는다.
죽어 있는 것들은
모든 것이 解體되어 있다.
뼈는 삭고 피는 말라
항상 고요하다.
나는 이 사실을
共同墓地에서 비로소 알았다.

네 王子

어떤 나라에
한 가지씩 재주를 지닌
훌륭한 네 왕사가 있었습니다.

어느 날 사막 길에서
모래 위에 나 뒹구는 뼈를 발견하고
왕자들은
흩어진 뼈들을 모았습니다.

첫째 왕자가 골격을 만들고
둘째 왕자가 살을 입히고
셋째 왕자는 살 위에 털을 심었습니다.
무서운 사자였습니다.

피를 돌게 하는 神技를 지닌
넷째 왕자가
피를 넣어 생명을 주자
오랫동안
굶주린 사자는
네 왕자를 모두 잡아먹었습니다.

再會

어떤 부부가 자기네 집 玄關을 들어서다가 느닷없이 차원이 다른 공간으로 흩어져 서로 다른 차원의 이질적인 세계에서 지내다 우연히 차원이 다시 일치되어 원래의 시공간으로 돌아와 헤어지기 전의 그 玄關에서 만나게 되었으나 헤어져 지낸 같은 시간동안 다른 세계에서의 그들 부부의 경험과 기억의 분량은 그들을 전혀 다른 사람으로 변화시켜 이제 그들이 헤어지기 전의 부부라고는 도저히 생각할 수 없게 되었다.

愛犬

개를 귀여워해주는 일이
얼마나 高尙한가.

개를 사랑하는 마음이
값비싼 먹이로
개의 배를 채우고
좋은 물로 목욕시켜
멋진 옷을 입히고
언제나 가슴에 안고 다닌다.

그 개가 사는 동네에
부모 잃은 아이가
물로 배를 채우고
실직한 家長은
오늘도 노숙을 한다.

그날 밤
개犬에게서 사랑 받는
아름다운 환상을
꿈꾸며……

聖者

서로 질투하는 두 여자가 성자를 찾아 왔습니다.
소원을 들어주되 두 번째 사람에게는
먼저 말하는 사람의 두 배를 주겠다고 성자는 약속했습니다.
첫 번째 여자가 말했습니다.
제 한 손목을 잘라 주십시오.
두 번째 여자는 손목을 모두 잘렸습니다.

힘을 겨루는 남자 둘이 왔습니다.
처음 남자가 말했습니다.
내 한쪽 눈을 빼주시오
다음 남자는 두 눈을 뽑혀서 볼 수 없게 되었습니다.

여러 사람이 성자에게 왔습니다.
맨 먼저 말하는 사람에게 만 원을 주겠다고 성자가 말했습니다.
그러나, 아무도 먼저 말하지 않았습니다.

성자는 다시는 세상에 오지 않기로 다짐하며 떠났습니다.

풀꽃

아름다운 꽃을 피운 장미가
불행을 호소합니다.
큰 키의 커다란 나무도
제 신세를 슬퍼합니다.
왕은 측은했습니다.

왕의 발밑의 풀꽃이 행복해합니다.
"너는 무엇이 그리 행복한가?"

키 크지도 못하고 아름다운 꽃도 없으나
제가 피운 꽃이 자랑스럽습니다.

모든 강물이
바다로 흐르지만
바다를 채우지는 못합니다.
저에게 낯 씻을 한 방울 이슬이 있음을
저는 감사합니다.

오늘밤
제 영혼을 도로 찾으신다면
항상 드릴 수 있도록 준비되어 있음을

감사합니다.
그것이 제 행복의 비결입니다.

그대여
고독한가?
얼마나 많은 사람들과 함께 사는데
외롭다고 하는가.

풀꽃에게 가서 배우라.
그러나 풀꽃의 그 말을
장미도, 키 큰 나무도 전혀 이해할 수 없었습니다.

모기

골谷마다 반야경이 흐르는
靈山 모악산.
좋은 산은 바람부터 다른데
몇 년째 종적이 묘연한 모악산 山神靈은
어디서 무슨
지랄을 하고 자빠졌는지 몰라.
금산사 새벽禮佛에 깨달음을 얻고서
착한 사람만 찾아다니는 모기,
그놈에게 한 번 물리면
물린 자리가 벌겋게 부풀어
무덤만큼 붓는다니까.
지독한 놈—
좋은 산에 사는 모기들이 더 무섭다니까.
좋은 동네 사는 놈들이
사실 더 잔인하잖아.
그런 흉측한 모기 잡아들일 생각은 안하고
모악산 山神靈은 지금
무슨 지랄을 하고 자빠졌는지
염라대왕하고 한통속 아니겠어!
혹시 딴 생각이 슬며시 일어나
어느 댁 女 菩薩님

明堂자리나 잡아주고 있는 것이 아니야?
몰라, 정말 몰라.

탑塔

국보289호.
王宮石塔이 있는
모질메신성, 또는 王宮平城은
지금 한창 발굴 중이다.
사람 사는 세상, 별별 일이 많듯이
모질메산성에도
가지가지 곡절이 있다.

가령, 나무는
저 지닌 모든 잎으로
風雨에 시달리고
뿌리는 뿌리털 하나까지
온갖 오욕을 應報로 알고
탑은 탑대로
흥망이 뒤바뀌는 세월을
立禪으로 잊었는데
이제 문화재 발굴이라며 흙을 뒤집고
역사를 뒤엎어
잠잠할 수 없으니
아아
解脫의 因緣 없음이여!

千年을 닦아온 禪修行이
물거품이 되는가.

조기

새벽시장에서 사온 조기에
간을 치고 있다.
아내의 손에 쥐어진
굵은 소금이
조기의 몸에 뿌려진다.
두 눈을 동그랗게 뜨고 있는 조기가
부르르 몸을 떤다.
그러나 어쩌랴
소금 벼락을
피할 수 없는 조기.
바닷물에 살면서도
짠물이 아니 베인다는 조기의 몸뚱이
아내의 설명에
간을 치는 까닭을
비로소 안다.

아내의 손

조기에 간을 친다.
아내의 손이
소금으로 절어 있다.
박봉의 가계부에
아직도 곰팡이 나지 않은 이유가
바쁘게 소금을 뿌리는
아내의 손 때문이었음을
소금으로 거칠어진
아내의 손 때문이었음을
오늘 아침에야 안다.

노송老松

늙은 소나무를 본다.
줄기에 여생을 의탁한
오랜 춘하추동春夏秋冬이
누더기를 걸치고 있다.

휘어진 가지가지에
관솔로 박힌
풍상이
참으로 그립다.

바늘 끝처럼 날카로운 솔잎은
송곳 같은 선비의
기품을 품고
함부로 나무를 오르는 아이들에게
따끔한 침을 찌른다.

늙은 소나무의 목질부에는
청백리淸白吏의 넋이
단단히 박혀 있어
바람에도 견디는데
떨어진 솔잎을 갈퀴라 한다.

지금은
아무도 갈퀴를 긁어가지 않는다.

늦게 핀 진달래

노란꽃
山茱萸며 개나리 이미 지고
백목련도 신작 시들고

언뜻 지내고 나니
지내온 시절들이 모두
바로 엊그제 같은데

겨울 날씨에
삭풍 눈보란들 없었으랴
겨우내
얼마나 숨을 쉬고 싶었을꼬

응달 산골짜기
늦게 핀 진달래

연분홍 빛 가쁜 숨을
하늘하늘 풀었네.

어찌 되었는가 보라

나사렛 木手의 아들
예수의 제자들은

갈릴리 바다에
그물을 던지는 漁夫였거나
그와 비슷한 사람들

이를테면
고기잡이 시몬
그의 형제 안드레
야고보와 요한
……

예수의 제자들은
깊은 학문도 없고
율법에 능통하지도 않다.

그러나, 그들이 예수를 만났을 때
바리새인도
書記官도
祭司長도

그들 앞에
어찌 되었는가를 보라.

어찌 되고 말았는가를 보라.

생명(2)

단층촬영 방법으로
모태의 태아를 본다.
아기가 어떻게 하고 있는가를 보라.
맑은 눈이 보이고
앙증맞은 손가락이 보이고
발가락이 보이고
신비롭게 콩콩 뛰는 심장이 보이고

지금 아기는
세상을 볼 수 있을까?
제 엄마를 바라볼 수 있을까?
불빛이 터지면
순식간에 눈을 가리는 태아,
뱃속에서 만이라도
사진기를 피해 보겠다는 意志.

지금 태아에게 갖추어지는 저 기관들은
모태에서는 비록 쓸모없지만
아기의 미래를 위함이다.
어머니의 탯줄에서 분리되면서
스스로 살기 위해 필히 있어야 할

절대의 것들이다.

우리의 신앙생활이
이승을 위한 것이라기보다
오히려 死後에 살게 되는 영원을 위해
준비해야만 되는 것처럼.

善惡果

먹음직도 하고
보암직도 하고
지혜롭게 할 만큼 탐스럽기도 한
선악을 알게 하는 나무의
實果

탐욕 때문에
아름답게 보이는 선악과
욕심 때문에
멋지게 보이는 선악과

이브가
아니 먹을 수 있었으랴!

五月

참 아름다운 세상
이 세상
하나님의 속성대로 지음을 받은
이 세상은
얼마나 온전한가
五月이면
이 세상은 完全해진다.

별(2)

할머니가 소녀시절에 보던
별들은
지금보다 훨씬 많았을 것이다.

맑은 밤하늘
어두울수록 더욱 빛나던
무수한 별들이
세월과 더불어 빛을 잃은 채
도시를 떠나고 있다.

할머니가 보던 별들은
다 어디로 갔을까

이제는 도시화된
산골짜기의
弔燈 불빛에도
밀려나는 별빛

할머니는
참 많은 별들을 보시고 살았다.

별(3)

믿음의 조상
아브라함이 바라본
밤하늘의 수많은 별들을
지금 볼 수 있을까

그가 백세에 얻은
獨子 이삭을
믿음으로 드리던 산에서나 볼 수 있는
저 빛나는 별들을
우리 도시에서 볼 수 있을까

公害로 비롯된
환경 때문이 아니고
우리의 욕심에 가린 별들이
밤하늘에서는
지금도 빛나고 있을 텐데……

가물

요즘은
산신령도
마실 물이 없단다.

오랜 가뭄으로
地下水조차 마르니
아직 이렇게 살아 있음이
이상한 일

산신령인들
별 수 있나.

깊은 산 속
옹달샘이 마르니
기우제를 지낼
井華水도 없다네.

한 마리 다람쥐
쏜살같이 달아난다.
다람쥐야 다람쥐야
뛰지 말아라.
땀날라

얼음골 이야기

경북 밀양군 남명리의 '얼음골'
한더위에도
얼음이 남아 있는 곳
가지산 산허리
성긴 바위틈
서늘한 바람에
한 여름에도
寒氣를 느낀다.

누구인가?
칡넝쿨 질펀한 바위 골짜기
얼음을 묻어두고
오가는 사람들을
어리둥절하게 만드는 이유는

자연의 조화가 이런 일을 만드는 까닭은
인간의 과학적 오만을 겸손케 하고자 함이다.

모기(2)

음습한 곳에서
모기는
낮 동안 꿈쩍도 안 하다가
해질녘
피를 찾아 나선다.

세끼를 먹기 위해
늦게까지 땀 흘리는 대신에
단 한 번의 약탈로
허기를 채울 수 있는
황홀한 吸血
모기는 그 즐거움을 안다.
道를 터득했다.

지금 모기는
숲의 가장 은밀한 곳에서
빨대에 남은 피의 흔적을
고스란히 지우고 있다.

안개(3)

짙은 물안개 속
大關嶺 고갯길
나무는 두 마음으로 산다.
하늘로 머리 두르는 마음과
땅속으로 뿌리내리는 마음과

오직
살겠다는 두 마음

나머지는
自然에 맡겨두고
한자리에서 떠날 줄을 모른다.

아내(2)

내 곁에
나와 함께 앉아 있는
아내의 옆모습

알 수 없는
전율을 느낀다.

그 사람의 어떤 운명이
나와 같이 하는 것일까?

꽃을 핀
응접실의 蘭이
배시시 웃는다.

"저와 같은 운명 아니겠어요!"

심은 대로

땅의 원리는
적게 심은 자는 적게 거두고
많이 심은 자는 많이 거두게 한다.
땅은
거짓을 모른다.
땅은 진실하다.

평등이란
심은 양에 관계없이
똑같이 거두는 것을 의미하진 않는다.

만일, 적게 심은 자나
많이 심은 자나
똑같이 거두게 된다면
이 앞으로
누가 더 많이 심으려 하겠는가.

심은 대로 거둔다는
땅의 원리,
정성을 다하고
조용히 기다리게 한다.

播種

씨앗을 먹지 않고
그 씨앗을 뿌릴 수 있는 것은
수확에 대한
확신이 있을 때만 가능합니다.

雜草

홍수가 지나간 자리
제일 먼저
뿌리를 내리는 것은
잡초란다.

오랜 가뭄
불볕으로 죽어 가는 초원
홀로 몸을 달구어
초원을 지켜주는 것도
이름 모를 잡초란다.

夜叉처럼 붙는
진딧물들로
모든 꽃들이 무너졌을 때
슬퍼하는 꽃들을 위로하던 것도
잡초였단다.

잡초에게서
너는
더 많은 것들을 보게 되리라.

나무

씨앗 때부터 그 자리에 있던 나무는
다른 땅을 알지 못했다.

어느 날 실뿌리들 우두둑 잘리고
전신의 물管들이 경악하여 잎들마다 부르르 떨 때
다시는 이 땅으로 돌아오지 못할 것 같은 생각이 든 나무는
자신이 서 있던 땅을 눈여겨본다.

새로 옮겨 심겨진 곳은
차들이 많이 다니는 도로변이었다.

그날 이후, 나무는 알게 되었다.
많은 사람들과 차량이 지나는 이 都心의 치열함과
그의 고향 땅이 얼마나 아름답고 비옥하며 숨쉬기가 좋았는가를.
또한, 처음 자리에 있을 때는 알지 못했던 比較를 알면서
자신에게 엄청난 불행이 오고 있음을

나무는
잘려나간 자신의 실뿌리들이 그 후 어떻게 되었을까를
이제 비로소 생각하고
슬퍼한다.

비행기 속에서

불안한 氣象으로
機體가 흔들린다.
구름 속에선
아무것도 아니 보이지.
혹 무슨 일이라도 있으면
저승길 벗하며 갈 사람들
심심치는 않겠다.

스튜어디스가 방송을 한다.
조금은 상기된 목소리로
'아무 염려 마세요'
美貌의 다른 스튜어디스가 지나가며
생끗 웃는다.
나도 웃었다.

구름에 잠긴
비행기의 왼쪽 날개
레이더만 보고 있을 機長은
조종석에서
무슨 생각을 하고 있을까?
그는 지금
깜박 졸고 있을지도 모른다.

구름나라

높이 나는 비행기는
가는 것 같지 않다.
구름 위를 움직이는 비행기에는
비도 오지 않는다,
땅에 사는
모든 사람들의 소망이
하늘에 올라와
구름으로 모였는지
흡사 연기 같은 구름나라
구름 속에 살고 싶다.
거품처럼 부푼
구름 속에 살고 싶다.
잠깐이라도
손오공의 觔斗雲을 빌려 타고
삽시간에
십만 팔 천리를 오고 가는
神仙이 되어보고 싶다.

구름나라(2)

아주 가까이에서
구름을 본 일 있는가.
비행기를 타고
하늘 높이 가보니
구름이 바로 옆에 있는데
구름나라는
마치 동화 속의 宮殿처럼
하얗게 빛난다
모든 집들이
투명하다
奇岩怪石이다.
그 적막의 세계
구름나라

포도나무

가을이다.
넓은 포도나무 잎들이 떨어진 자리
늦가을 햇살이
궁상스럽다.
그날 나는
여름동안 주렁주렁 매달렸던
포도알들의 행방을
생각하였다.

그러나
포도알들의 行蹟에 관한
內幕은
알아내지 않기로 했다.

물

흐르는 물을 본다.
밤낮없이
잘도 흐른다.

고이면 머물고
막히면 기다리고
서두르지 않는다.

언제나 높은 데서
낮은 곳으로
거스름을 모르고
그냥 흘러가는
자연스러움으로
바위에 부딪치고 부서지고
다시 모인다.

세월이
무엇을 변케 했는가?
여전히
물은 물인 것을
이제야 비로소 안다.

별(4)

빨강꽃엔 빨간 혼
파랑꽃엔 파란 혼

꽃마다 꽃의 혼이 있는데
혼이 떠나면
꽃이 시들고
혼은 하늘로 불리우는데
이를 昇天이라고 한다.

하늘로 오른 혼이
빨간 혼은 빨강별
파란 혼은 파랑별의
별빛을
밤하늘에 뿌리다가
새벽이슬을 타고 내려와
새로운 꽃자리에 머물면

求道의 밤을 새운
가난한 詩人의 상상력은
맑은 눈물이 된다.

선인장

땅에 스며든
한 방울의 이슬로도
모래 속에
뿌리를 내리는
선인장

온몸에 돋친 가시는
잠들지 않으려고
제 영혼을 찌르는
必死의 몸부림이다.

풀잎의 이슬로도
毒蛇는
사자라도 能히 물어 죽이는
毒液을 만들 듯

영혼의
고독하고
순수한 빛깔을 다듬어
꽃을 피우는 선인장은
처절한
詩人이다.

夏日

온 세상
草綠빛을 다 모아
바람은 혼인잔치를 한다.
보릿대를 달포쯤 빚어
틉틉히 거른 막걸리도 내놓았다.
한번 그 맛을 들인 노인네들은
얼얼이 오른 술기운에
기필코
新房을 훔쳐보리라 발싸심이다.
그 신혼의 한참 젊은것들의
싱싱하고 서툰 수작을 보며
그분들의 흘러간 인생을 보자는 걸까?
노인네들도
참, 엔간찮다.

沙彌尼

꽈르르릉
벼락친다.
번갯불에 잠깐 비친
沙彌尼의
분꽃 같은 속살이
파르르 떤다.

큰스님 저녁예불
觀世音이 들리면
미륵전 앞뜰 돌燈도
立禪을 하고
佛心이 스쳐 지나는
극락전 연못에선
분홍빛 연꽃이 곱게 피는데

어린 沙彌尼
봉긋해지는 가슴이
정말 罪가 되는가?

짜르르르 천둥친다.
분꽃보다 하얀 沙彌尼의

부끄러운 속살이
어쩔 줄을 모른다.

沈淸傳

요샛말로
심청이가 빠져도 될
그런 바다가 있는가?

심청이가 그 아비 심봉사의 눈뜨는 일로
바다에 뛰어들어
바닷속 龍宮에 이르렀다 한들
거기 떠오른 연꽃을
심청이 혼이 깃든
연꽃으로 바라볼 줄 아는
그런 뱃사람이 있을까?
심청이가 그 아비 눈의 일로
皇后가 되어
전국의 맹인들을 불러들여 잔치를 열었다 한들
그 잔칫자리에서 과연 눈을 뜰
심봉사가 아직 있을까?

심청이의 일이나, 그 아비가 눈을 뜨는 일이나
이미 우리들이
알아도 너무 잘 아는 일들이기는 하지만
인당수 깊은 물에서 떠오른

한 송이 연꽃 향기가 전해주는 말로
심봉사 눈이 뜨이는 來歷을
심청이의 지극한 효성으로 새겨들을 사람이
아직도 있기는 더러 있을 것이다.

허수아비(2)

신들린 듯
신들린 듯
걸귀 乞神들린 듯

스님도
장로님도
物慾에 두 눈 뒤집혀
망가진 세상

늦가을 비바람에
쓰러진
누런 벼이삭 틈

해진 緋緞 누더기를 걸치고
허수아비도
실성해 있다.

별(5)

두 무리의 별이 있다.

비바람
눈보라에도
결코 흔들리지 않는
하늘의 별

두 隣人이
속삭이는 湖畔의
잔물결에도 흩어지는
호수의 별

두 무리의 별.

낮이 되어
모든 별들이 사라지면
하늘도 호수도
공허하다.

쌍둥이 빌딩

무너지는 빌딩의
철근과 콘크리이트의 사이사이
죽어 가는 생명들의
절규를 들으시는
하나님은
그들의 식어 가는
체온을 위로하신다.

하늘 높이 솟아오른
문명이
순식간에 부서져 내리는
처참한 테러의 현장
생명이 얼마나
부질없고 허망한 것인가?

아비규환의
쌍둥이 빌딩
화염과 폭풍으로 덮인
뉴욕의 중심가에서
잿더미 속에 죽어 가는 사람들의
마지막 기도를 들으시는

하나님의 섭리는
밤과 낮을
여전히 일상적으로 반복하게 하시고

오늘은 비를 내려
흘린 피를 씻어 내신다.

蘇鐵을 보며

현관에 놓인
열대식물 소철을 보면
참 안됐다는 생각이 든다.
어떤 식물은
넓은 정원에서 햇빛을 받고
비에도 젖고
바람에도 흔들리고
벌레에 뜯기기도 하면서
잎마다 자르르 潤氣가 도는데
현관에 놓인 소철은
언제나 그 자리에서
가끔씩 飢渴이나 면할 뿐
먼지에 쌓인 잎이
영락없이 病色이다.
하늘이 지금 어떤 색깔이며
뒤뜰의 잡초가
얼마만큼 자랐는지
아예 알지 못한다.
그렇게 사는 소철이
얼마나 안 된 일이냐.

낙엽

낙엽을 밟는다.
바사삭 –
낙엽은 거부하지 않는다.

옛사람들은
옷깃만 스쳐도 인연이라 했는데

요즘은
좋은 인연들
일찌거니 삭아져버리고
마주치는 여자의
얼굴만 바로 보아도
癡漢이라
烙印 찍히니…

퇴직 校長님
멀쩡한 두 눈
실명한 듯 감고 다니실 게 아니라
사람 꼴 싫으시면
慶麒殿 樹林이나 거닐며
낙엽이나 밟으시지요.

밟히는 낙엽은
아직 인연을 그리워할 것입니다.

가을 素描

金山寺 가까이
단풍이 곱다.

전라도 음식점
전통 찻집
민속품 가게

저녁연기
물 구르는 소리
바로 여기가
고향인데

아직도
버릴 것 많은
괴로운 마음

山寺의 염불소리
咫尺에 있다.

落花流水

산골짜기
계곡물에 흘러오는
복사꽃잎

거슬러 따라가면
거기가
武陵桃源이랬지.

거기에 살고 있을
紅顔의 사람들
神仙 같은 사람들

오는 길
돌멩이에 남긴 대로
다시 찾아갔으나

武陵의 낙화유수
늙지 않는 紅顔을
만날 수가 있으리

어디 가서 그들을
다시 찾을 수가 있으리……

파도

바다는 어째서
저리
평온하지 못하냐

흘러드는
온갖 물
받아들이며
오늘도 괴롭다.

믿음

오래도록
비가 오지 않는다.
강물이 마르고
초목이 마르고
人心은 獸心이다.

긴 병에 효자 없다
말씀하시던
생전의 할머니

'임금이 부덕하면
天災도 함께 따르지'

마을 里長님이
기우제를 지내고
박수도 같이 나서고

'지성이면 感天이라는데
비를 기다리는 마음은 간절한가!'

그렇다 생각하면

靑天 대낮이라도
우산 들고 다녀야지
지금 비가 오고 있다
그리 믿어야지

그것이 믿음이라네.

할머니(3)

어느 날
폭포에 가다.

폭포 아래 바위들은
모두가 둥글고

모난 것이
하나도 없다

긴 세월
風霜이 빗질한
할머니의
흰머리

바람에 날리고 있다.

설문대 할망

제주도 耽羅木石苑에 가면
설문대 할망과 오백 아들의 전설이 있다.
할망이 한라산을 베개 삼아 누우면
제주 앞바다 관탈섬에 다리가 걸친다나.

어느 해 흉년
오백 형제의 주린 배를 채우기 위해
풀죽을 쑤던 죽솥에
할망이 몸을 던져 죽은 날
그날따라 풀죽은 맛이 좋았다지.
죽솥 밑바닥에 남아 있는
큰 뼈를 보고 막내는
얼마나 피눈물을 쏟았을까?
그 일로
고산리 차귀섬으로 달려간 막내는
바위가 되었단다.
한라산 서남쪽 靈室의 기암절벽 '五百羅漢'은
오백 아들의 혼백으로
해마다 五月이 되면
오백 형제가 흘리는 눈물이 철쭉꽃으로 피어
한라산을 붉게 물들인다고 하는데

설문대 할망
지금이 어느 때인데…

아들을 위해 죽솥에 몸을 던질 그런 어미가
어느 천지에 있을라구.
눈물로 철쭉꽃을 피울 아들이
정말이지 있을지 몰라.

돈

내가 살기 위해
이웃을 모른 체하라
그리 말하고
무섭게 웃는
너는 누구냐?

언제나
천사처럼
좋은 표정이더니
네 이웃의 불행에
등 돌리는
무관심

웃음소리에
소름이 돋는
너는 누구냐?

靈魂

영혼은
저녁놀에
뽀얀 속살 엉겁결에 들키고
그 부끄러움에 밤새워 우는
가시내의
어린 마음입니다.

깊은 밤
생명의
가장 약한 內律에도
온몸을 바르르 떠는
별빛 같은 섬세함을 지니고
쉽게 잠든 가시내의
꿈입니다.

저녁놀
막 사라지는 산마루
영혼은
보랏빛으로
빛나고 있습니다.

山(2)

산에 오른다.
산에는 철쭉이 있다
산수유도 있다
소나무, 동백, 단풍나무
바위 골짜기 봉우리가 있다.
산은
서로 같이 있다는 확신만으로도
다투지 않고
모든 것을
바람에 맡겨두고 산다.
철쭉은 철쭉
산수유는 산수유
소나무는 松花
山벚은 담홍색 꽃을 피울 뿐,
꽃을 못 피우면
피우지 못한 그대로
산은 염려하지 않는다.
이른 봄 꽃샘에도
힘을 잃은 햇빛에도
동요되지 않고
산은 모든 것을

바람소리에 맡기고 산다.

산은
일체를 順理대로 산다.
순리는 生命이다. 한 편의 詩다.

허나, 어찌해
이 生命
이 詩를 읽으며
나는 섭섭해하는 것인가?

畵家

해를 그리기 위해
해를 너무 오래 바라보다가
화가는 눈이 멀었다.
이제는 해를 더 바라본들
눈이 멀진 않을 테지만
보이지 않는 눈으로
어찌 그림을 그리랴.
그러나 화가는
아직도 그림을 그리고 있다.
그는 사물을 눈으로 보는 것이 아니고
마음으로 보고 있다.
그가 그리는 것은
그의 마음이었다.

祝詩
–벗, 장등룡 군의 결혼식에–

벗이여,
이제는 너를 보내야 한다.
언제나
몸의 그림자처럼
기쁘게 만나
착하고 곱게 살리라는 다짐만으로
저녁놀 붉은 하늘에
우린 머리 숙였지.

지금은 늦가을,
드러나는 가슴은
微光보다 오히려 빈곤하지만
그 빈곤을 우린 서로 아끼며
만나면 밤새워
인생을 이야기했다.

그러나 이제는
너를 보내주어야 한다.
또 다른
착하고 고운 사람 너의 여인이
진주빛 불로

저녁하늘을 찬란하게 밝히며
네 품에 안겨오지 않느냐.

이제, 신부를 맞이할 때다.
부디 행복하소서.
내 우정과
우리들의 신뢰가 서로 만나는
노래의 후렴을
나는 늘
너와 함께 있을 것이니.

마음

어떤 색일까
어떤 모습을 하고 있을까
마음은

꽃을 사랑하는 마음으로
그대여
잎을 사랑해다오

참으로
당부할 말이 있으니
한 송이 꽃을 피우기 위해
결코 높은 데 마음을 두지 않는
이파리를 사랑해주오

한 송이 꽃을 피우기까지
잎이 겪어온 갖은 風霜을
누가 알고 있는가

그대의 마음으로
부디 잎을 사랑해주오

소경

어느 교회에서
새벽예배 때 있었던 일입니다.

혹 당신이
오늘 말씀해주실
아무개 목사님이 아니십니까?

그렇소만
어찌 저를 아셨습니까?

당신의 발자국 소리는
다른 사람들과 특별히 다르네요.

그리 말하는
그 사람은
두 눈이 보이지 않는
소경이었습니다.

生水

수가라는 동리
물 길러 나온 사마리아 여자에게
예수가 물을 달라하시니
여자가 놀라는지라

네게 물을 달라하는 이가 누구인줄 알았더면
네가 그에게 구하였으리라
그가 生水를 네게 주었으리라

내가 주는 물을 먹는 자는
영원히 목마르지 아니하리니
나의 주는 물은
영생하도록 솟아나는
샘물이 되리라.

사마리아 여인이
물동이를 버려두고 동리에 들어가
그리스도를 증거하니
사람들이 예수께로 오더라.

예수께서 말씀하시기를

눈을 들어 밭을 보라
희어져 추수하게 되었다 하시니
수가 동리의 많은 사람들이
예수가 바로 生水임을 믿은
사마리아 여자로 인해 크게 믿게 될 것을
이미 알고 계셨음이더라.

가나안

젖과 꿀이 흐르는
가나안 땅이 있듯이
젖과 꿀이 흐르는
가나안 마음이 있지.

젖과 꿀이 흐르는
가나안 가정이 있듯이
젖과 꿀이 흐르는
가나안 인생이 있지.

젖과 꿀이 흐르는
가나안－
天國門 앞－
거기서 하나님을 불러
평안을 얻어야 할 사람은
바로 저입니다.

손(手)-2

하나님의 손에 붙잡혔을 때
흙은
사람이 되었다.

모세의 지팡이는
紅海를 가르고
다윗이 던진 돌로도
골리앗이 죽었다.

하나님이 사용하셨을 때
삼손은 짐승의 뼈로
수천 명을 죽이고
마리아는
예수 그리스도를 잉태하였다.

春蘭(四諦)

1. 苦
흙 속에 담긴 세월
품속보다 시린데

삭풍 눈보라를
무릎쓰고 내민 꽃대

잔뜩 수줍은 꽃잎이
오히려 秋霜같다.

2. 集
깊은 사랑만큼
미움도 오래 가고

因緣이 돌아서니
눈물조차 어는데

土壤마다 감은 서릿발
봄은 아직 요원한가

3. 滅

건넛산 바라보니
기러기 울며 가네.

필경은 가게 될 길
저렇듯 모르는 까닭은

시린 손, 허리, 무릎
아직 피가 돌기 때문인가

4. 道

非夢似夢
눈뜨면 대문 앞이 臨終길

가며 겨우 알게 되는
생명의 슬픈 몸짓

눈 덮인 무덤 곁
春蘭이 홀로 푸르다.

지팡이

모든 것을 잃었을 때에
호렙산 가시나무 떨기에서 하나님은
모세를 부르신다.
미디엄 광야에서 사십 년을 숨어살며
애급 왕실의
용기와 자신감과 명예를 모두 잃었을 때
하나님은 모세를 불러
애급으로 가라 하신다.
이 모습으로는 갈 수 없다고 떼쓰는 모세에게
십 년동안 들고 다니던
지팡이를 가지고 가라 하신다.
지팡이 속에 담긴
지식과 경험, 쓰라린 과거만을 가지고 가라 하신다.
그것만을 소중히 여기라는 말씀이신가?
말 못하는 것을 고쳐주시지 않고
'가라 할 말을 가르치리라'고 명령하실 뿐
지팡이 하나만을 허용하시는 하나님은
아론을 모세에게 붙여 말씀하신다.

非難

천사 : 누구를 그토록 비난하고 있느냐?
남자 : 저기를 보십시오.
그가 지금 오고 있습니다.
탐욕스러운 눈
교활한 입술
가증스러운 심장을 가진
위선자가 지금 저기 오고 있습니다.
천사 : 오 그렇구나.
그런데 그 사람을 잘 보라.
어쩐지 낯익은
그의 모습, 그는 바로
네가 아니냐.

꽃(3)

꽃이 핀다.
그림자가 생긴다.

꽃이 진다.
그림자가 없어진다.

꽃이 있음으로 해서
그림자가 있다.

꽃이 필 때
비로소 느끼는
생명의 희열

참 아름답다.

꽃을 보며

개나리꽃 진달래꽃
참 많이도 피어
형형색색
아름답고 곱구나.

그러나
어쩌란 말이냐.

지금 피지 못하는 꽃봉오리들
혹한을 잘 견디고
삭풍도 이겨내다가
요 며칠
시름시름 앓다 죽은
꽃눈

형형색색
까닭 없이 죽은
꽃봉오리는

화창한 봄날이
치욕인 것을…….

萬頃江(5)

강이 넓고
물이 많으면
샛강들이 따르지

강물이 흐르는 유역을 따라
들을 거느리고
산을 키우며
만경강은 흘렀지.

물이 적으면
흐르지 못하고
썩은 물로 고여 있다가
다시 물을 만나면
샛강들도
어느 틈에 흘러

만경강은
죽지 않는 강이 되었지.

종아리

쭉 뻗은
종아리만 보고
멋지다 할 수 있는가?
아름다움은
시간과 공간 속에서
특별한 연상을 통하여
만들어지는
전체적인
생명력이지.

집

저녁이면 모두들
집으로 가듯
때가 되면
육신을 벗어두고
홀로 가야 할 곳이 있지.
썩어질 것들은 버려두고
썩지 아니할 영혼으로
가야 할 곳이 있지.

구원은
당신 스스로
선하게 살았다고
의롭게 살았다고
주어지는 것이 아니네.
하나님이
사랑하는 자들에게
그냥 주는 것

내가 할 수 있는
오직 한 가지
아버지의

말씀을 붙들고
어떻게 살며
어떻게 죽어야 하나
그것만이 문제라 생각했는데
나 이제 알겠네.
그마저 주시는 이
아버지 하나님이심을.

罪

돌을 쥐고 있는 자여
죄 없는 자가
그 돌로 이 여인을 치라

집(2)

초가집
기와집
아파트도 있지.

집의 가치는
어떤 형태,
얼마짜리의 집이냐에
있는 것이 아니라네.

그 집에
누가 살고 있느냐에 따라
달라지는 것이네.

내가 한 말은

나는 선생이었네.
교단에서
내가 한 말이
어린 학생들의 가슴에
어떤 모습으로 녹아
어느 강으로 흘러가고 있을까?

할 수만 있다면
나는
그 강물 속으로 뛰어들어
내 말을 붙들고 나와
어린 학생들에게
빌겠네.

九割은
거짓 아니었나 싶은
내 말을 용서해달라 빌겠네.

출근길에

처절하게 붉은
英山紅 꽃빛보다
이제 막
새잎을 낸
연두빛 새싹이
더 아름다움을
더 영속적인 눈물임을
오늘 아침 출근길에
비로소
알겠네.

松花가루

누런
松花가루 날린다.
텃밭 밭둑에
덩굴을 뻗어 나가는
호박잎을 덮고
양철지붕을 덮고
비포장도로에
아무렇게나 세워 둔
차를 덮고

지난여름
꽃가루
毒이 올라
온몸이 탱탱 부었던 아이가
아침부터 날리는
송화가루를 보고
지레 놀래어
방 안에서 나오지 않는데

벌 한 마리 지나가며
누런 날개를

바르르 떤다.

이웃집 사내아이가
벌을 겨냥하고
물총을 쏘아
달아나는 벌을 멀리 쫓는다.

松花가루 날리는
누런 오월…

病

병들어
心身이 괴로운 것을
슬퍼하지 말아라

오래된 저 나무도
제 壽命만큼 살아오는 동안에
風霜에 시달리고
病蟲에도 많이 괴롭고
찢기고
부러지고
때로는 잘리기도 하면서
그래도 용하게
버텨왔을 터인데

힘든 몸
오래오래
견디고 살다 보면
늘어가는 잔주름이
세월이 심어준
智慧였구나.

아아, 病이
아름다움이었구나.

工事場

포크레인이 산을 파헤친다.
나무가 울창한 산의
이쪽과 저쪽을 허물어
무슨 통로를 내는 모양인데
나무들이 잘리고
흙이 퍼 올려질 때마다
처절한 비명이 들린다.
푸른 하늘을 최초로 볼
흙들이 부르짖는 저주가 들린다.
길게 뻗은 나무의 뿌리들이
黃土빛 피들을 쏟고
갑자기 발가벗겨진 산등성이에
강하게 내려꽂히는 포크레인의 이빨이
산을 겁탈한다.
몇 천 개의 심장이 한꺼번에 뛰는 소리로
검은 연기를 내뿜는 쇳덩어리 기계가
거대한 연장을 길게 길게 뽑고
바위를 강간하는데도
아무도 흥분한 기계를 만류하지 못한다.
우리들은 비겁하다.
파헤쳐지는 산을

보호해줄 수가 없다.
흙이 드러나는 산을 보면서
흙의 황토를 즐기고 있다.
거대한 연장이 허공에서 뒤집힐 때마다
피가 뿌려지고
나는 계속해서 眩氣症이 일었다.

속리산 소나무

'俗離山'은
속세를 떠난 산인데
뜨내기로 오가는 많은 사람이
한마디씩 털고 가는
속절없는 소리로
속리산은 지금
큰 시름을 겪는다.
세상 사람들의
술 냄새에 속이 쓰리고
환락이 깊게 베인
시끄러운 음악 소리에
문장대도
관음봉도
귀가 아프다고 通事情이다.
그래서인가
어느 날부터인지
솔[松]내를 전혀 내지 못하는
속리산 소나무들이
하나 둘
어디론지 떠나고 있다.

法住寺 金銅菩薩

속리산 법주사
彌勒菩薩은
전신에 金을 입고
光背도 금빛이다.

그 큰 보살님의
소원은
속리산을 떠나고 싶으신가봐.

拈華示衆의 微笑대신
요즘은 어지러우시데.

온몸에 두른 金이
얼마나 무겁고
얼마나 힘들었으면
지나가는 푸른 바람을 붙들고
하소연을 하시리.

'이 金의 千斤 무게로부터 나를 벗어나게 해다오!'

쓰레기

청소시간
교무실 청소당번이
선생님들의 쓰레기통을 비운다.
날마다 버려지는 것들이
너무 많다.
이 조그만 교무실에서
날마다 버려야 할 것들이
이렇게나 많은가.
우유팩, 빈 병, 종이부스러기
버려지는 것들이 참 다양한데
내 생활의 영역에서
내가 꼭 버려야할 것들을
쓰레기통에 쏟으면
정말 얼마나 될까
학생들이 버리는 쓰레기를 보며
그 雜多한 쓰레기 속에
내 컴퓨터 속의 휴지통까지를
같이 비운다.

龍華樹 아래

속리산 법주사에 가보면
누구나 成佛할 수 있음을 안다
신라 성덕왕 8년
노힐부득과 달달박박이
백월산 무등곡
남암 북암에서 수행 중
절세의 女人으로 화신한 觀音菩薩이
두 사람을 시험했을 때
천지간의
比丘 比丘尼
우바새 우바니
한 목소리로 원하니
成佛하소서 成佛하소서
龍華樹 아래 앉아
그날 초저녁에 성불하고서
전라도 金山寺에 설법하러 갔다는
미륵의 전설처럼
뭇 중생들 누구나
成佛할 수 있음을 알자.

*우바새優婆塞: 출가하지 않고 부처의 제자가 된 남자. 居士. 淸信士

*우바니優婆夷: 출가하지 않고 부처의 제자가 된 여자. 淸信女

조각

조각가들은
이해하지 못하네.

그들이 '破壞者'라는 사실을…

그들의 손은
생명의 호흡을 끊는
손이라네.

自然石 그대로 두면
더 많은 이야기
더 다양한 환상을 담고 있을
돌의 몸에
藝術이라는 이름으로
칼질을 하여
피를 흐르게 하네.

바위에 形象이 새겨질 때
흩어지는 破片들…….

바위가 몸부림쳐 우네.

落日에 길게 누운
그림자를 따라
먼데 산이 死色이 되네.

껍질

갈라지고 찢기고

세월의 風霜에
틈새 벌어지는 것이
나무만이랴

산수유
백일홍
은행나무 소나무

나무마다 다른 껍질이
서로 다른 세월을 새기고 있다.

꽃(4)

꽃이 피었다.

한 꽃대에서 핀
꽃송이들

같은 색과
모양과
향기와
그리고, 같은 아름다움으로
피었다가

어느 날 보니
꽃이
시들었다.

아마
하루 이틀
차이는 있었을 것이나
꽃은 시들고 말았다.

왕잠자리

갈대가 자라는 방죽 근처나
호박꽃이 지천으로 핀
들판에서
친구들과 어울려
해가 지도록
왕잠자리를 쫓던 일
기억나는가.

수컷 왕잠자리의
하늘색 등판에
노란 호박꽃가루를 문지르면
초록빛으로 변하여
암컷 왕잠자리처럼 빛나는
마법에 홀려
우리들도
잠자리도
여름을 잊던 때를 아는가.

색이 변한 수컷 왕잠자리를
암컷 짝으로 알고 덤벼들던
수컷 왕잠자리의 본능을

우리들 누구도
변태로 부르지 않고
암 · 수의 자연의 질서로 알뿐이던
그때의 순수가 생각나는가.

가르쳐 주지 않았어도
색의 배합을 알고
음양의 조화를 겁내지 않던
童心의 친구여.
나는 왜 육십을 바라보는 나이에
그 왕잠자리를 잡기 위해
다시 실을 돌리며
호박꽃 지천으로 핀
들판을 서성이고 있는가.

仰天

갑자기 고개 들고
하늘을 바라보는 까닭은
안경 너머 흘린 눈물을
들키지 않으려는
마음에서이지요

돌부리

온몸이 휘청하더니
넘어지고 말았다.
무릎이 벗겨지고
피가 흐른다.
허리뼈가 어긋났는지
앉아 있기도 서 있기도
불편하다.

돌부리에 발이 걸렸는데
거기 돌부리가 있었음이 잘못인가
피하지 못한
발이 잘못인가
장애물을 보지 못한 눈이 잘못인가
아니면,
피하라 명령을 내리지 못한
머리가 잘못인가

아직
피가 멎지 않고 흐른다.

여름나기

나는 지금
어디로 가고 있는가?

하루 동안의 더위에 지쳐
곤하게 깊은 잠을 자다가
목숨을 집어삼킬 듯한
동해의 시퍼런 파도에 휩쓸리는
경악에서 깨어
넋을 놓고 앉아 있다.

등줄기로 흐르는 땀이
그냥 더위 탓이거니 여기고
다시 잠들었을 때
꿈은 내 경악을 깨워
소스라치게 한다.

여윈 몸을 위하여
낮에는 蔘鷄湯
밤에는 補身湯을 먹으며 흘린 땀들이
땅으로 흐르지 못하고
九泉을 헤매다가

나의 꿈속을 찾아와
부러진 뼈마디로
찢겨진 살들로 피를 흘리며
내 뱃속에 든
제 몸을 돌려 달라 아우성이다.

잠자다 일어나
夢遊病者처럼
나는 지금
어디로 가고 있는가?

지금

신기한 일이다
이해할 수 없는 일이다
노랗게 핀 산수유와
피빛 철쭉이 어우러지는
봄철,
이 시간과 내가
운명처럼 마주치는
지금을
이해할 수가 없다.

兜率庵 磨崖佛

동백 붉은 꽃잎을 보고
실성한 靑孀이
禪雲寺 兜率庵
磨崖佛의
지긋한 눈길로 치유되어
어느 먼 시골의
再娶자리가 있어 갔다나…

너도 이제
풍상에 많이 닳아
신통력도 뜸하고
발밑의 연꽃도 시들시들

어떤 相避 붙은
연놈들이 소원을 빌고 갔는지
몸의 생채기마다
덕지덕지 말라붙은 피빛이
兜率庵 오르는 길의
相思花에 비친다.

〈詩評〉

서사적 담론을 서정적 정조에 융합시키는 시詩

– 김환생의 시詩는 이야기를 품는 서정시이다

소재호(시인, 문학평론가)

□ 김환생의 시詩에서 보이는 초월의 상징象徵들

김환생 시인은 정통의 기독교 신자이다. 그의 일상은 기독교적 의식, 기독교적 인생관, 또는 기독교적 양식으로 짜인 생활일 뿐만 아니라 성경 말씀에 완전히 귀의歸依해 있음을 느끼게 한다.

그러나 기독교 신앙인으로서의 큰 카테고리는 벗어나지 않지만 시인으로서의 소양은 기독교적 언령言靈을 끌어다 시적 상징화에 접근하고 있음을 보게 된다. 여기서 '언령言靈'이란 말은, 언어에 영혼이 깃들어 있어서 그 자체가 상징으로 변환됨을 구상 시인이 설파하고 있었던 개념어이다.

사실 성경의 구구절절은 사실 묘사나 사실 설명은 아니

다. 실화나 전설을 내면에 '이야기'로 품고 있으나 상징 언어로 의장儀裝하고 있으므로, 성경의 말씀은 그대로 시경詩經인 셈이다.

기독교 신앙인에게서는 '진화'란 어휘가 자못 불경스럽게 여겨지는 터로, 진화란 말과 동의어는 아니지만 '초월'이란 어휘도 기독교인에게는 사뭇 불편케 소화되는 말일 것으로 본다.

김환생 시인의 시에서의 초월의 기미는, 종교 교리가 모든 사상事象을 교조적敎條的으로 묶어서 함부로 상상하지 못하게 하는 그런 금기를 약간씩은 벗어나고 있음이 미세하게 간파되는 그런 기미인 것이다.

그의 모든 시에 모여진 논총論叢 안에는 사실 불교적 의식이 매우 많이 깃들여 있음을 보게 된다. 저 멀리 서산대사가 주장했던 삼교 통합론(유 · 불 · 선 통합론)은 부지불식간에 한국인의 의식 속에 잠재되어 있음은 자타가 공인하고 있는 터이다.

우리들 잠재의식 속에는 유불선이 함께 DNA로 생체화되었을 뿐더러, 애니미즘이나 토테미즘이나 샤머니즘까지도 통합되어 있음이 감지된다. 이런 의식들이 융합되어 잠재의식에 숨어 있다가 언령言靈을 통하여 상징어로 환생됨을 우리는 부정할 수가 없을 것이다.

무의식의 언어가 상징이다'는 말은 구스타브 융이 주장한 학설이다.

김환생 시인이 시의 궁극에 설치한 시어들은 그의 종교인으로서의 부정이 아니라 시적 초월이며, 시인됨의 승화인 셈이다.

"〈꽃〉 그 말이 아름답다는 사실 –「꽃(2)」"은 '꽃'이 그 자체로 실존적 의미를 지님과 동시에 '아름다움'을 내포하며 상징성을 드러낸다. 무엇으로도 설명할 수 없는 집단적, 누적적으로 체험되어온 무의식으로부터 떠오르는 의식적 상징어인 것이다.

"봄마다/끊임없이 성불成佛하는/지리산//"은 불교적 대각大覺의 경지가 확연히 보인다.

기독교 신앙인에게서 어찌 감히 이런 초월적 상징을 만날 수 있다는 말인가? 참으로 경이롭다.

다시 시구 하나를 더 살펴보자.

"민들레야/민들레야/이승의 얽힌 인연 죄다 풀어서/바람에 훌훌 날리고//"

이 얼마나 신묘한 치환이며 연기緣起이며 불교적 승화인가!

이 시구는 어떠한가?

“골谷마다 반야경이 흐르는/영산 모악산/”

‘자연은 곳 신전이다’란 말은 보들레르의 말이다. 모악산의 서기가 바로 반야경의 불기佛氣인 셈이다. 시인은 그렇게 높은 차원으로 상징해내고 있다.

□ **김환생 시는 역설과 아이러니의 화염이다**

프랑스 평론가 바슐라르는 ‘이미지즘론’으로 유명한 문인이자 철학자이다.

시에서 역설과 아이러니는 필수적 테크닉이라 했거니와, 본질성의 충돌을 지나 존재의 근원에 다다름을 절묘하게 설파하고 있다. 그의 주장들은 한국의 문학비평에 크게 영향을 끼쳐 우리네 문학이론을 보다 현대적으로 발전시킨 교량적 역할을 다 하였다고 본다.

김환생 시인은 과학을 하는 사람이다.

그가 인문과 문학에 경도하여 인문학적 인식론으로 그의 사상의 넓이를 확장함은 매우 경탄할 만하다. 모두冒頭의 논평대로 교조적인 인생살이의 틀을 벗어 던지고 과학적 사고의 경직성을 또한 벗으면서, 모든 경계를 넘나들어 시적 경륜을 펴고 있다는 점에 찬의贊意를 얹는다.

역설(패러독스)은, 문법적 문리文理는 맞지 않아도 안에 품고 있는 내포의 의미는 이치에 절묘하게 부합되는 수사상의 논법이다.

'발 없는 말이 천 리를 간다'라는 속담이 바로 이런 논법에 다름 아니다.

아이러니(반어법) 또한 겉으로는 부정적 표현일망정 안으로는 긍정하는 어법의 형태이다.

이 두 가지는 시의 광장을 넓게 펼치는 중요 수사법으로서 시에서 감동을 이끌어내게 하는 필수 요소이다.

"개犬에게서 사랑 받는/아름다운 환상을/"은 동물사랑의 이슈에 반하는, 오히려 동물이 사람보다 우대 받는 실상을 역설로 설파한 구절이다.

"공해로 비롯된/환경 때문이 아니고/우리의 욕심에 가린 별들/"도 매우 역설적 논법이다.

"잡초에게서/너는/더 많은 것들을 보게 되리라."

"온몸에 돋친 가시는/잠들지 않으려고/제 영혼을 찌르는/"

"눈 덮인 무덤 곁/춘란이 홀로 푸르다//"

등등 수많은 시구들이 역설적이거나 반어로 구조하면서 시의 결기를 돋보이게 하고 있다.

□ 문학은 본 관념을 보조관념으로 환치하는 작업이다

단순한 논리로 문학이란, 어떤 사물을 다른 양태로 표현하여 표현(의미)하려는 의도를 더욱 극대화시키는(효과적으로 나타내는) 목적을 수반한다. 그러나 그 표현은 실감의 적정이어야 한다. 속성이나 성질이 같은 사물로 대치하는 것을 환치라 한다.

김환생 시인의 시에서 문학적 소기의 성과가 이런 테크닉으로 크게 나타난다고 필자는 감히 단언한다. 교집합적으로 성격이 유사한 다른 사물로 대치하는 일은 한편 상징의 속성에도 부합한다. 결국 은유이거나 상징으로서 시는 그의 품격을 높이는 것에 다름 아니다. 그의 시 몇 구에서 이런 예를 보기로 한다.

"조개껍질에서/오색의 빛이/하늘로 흩어진다//"
"댓잎 하나하나가/바람이 되어/"
"현재를 과거로/나를 너로"
"모든 사람들의 소망이 하늘에 올라와/구름으로 모였는지/"
"산은/일체를 순리대로 산다/순리는 생명이다/한 편의 시이다//"
"꽃이 필 때/비로소 느끼는/생명의 희열/"
"늘어가는 잔주름이/세월이 심어준/지혜였구나."

등등 시어들이 대체 사물로 치환되면서 상징성을 거뜬히 획득하는 절묘한 표상에 감동한다.

보리 패는
五月은
바람도 氣盡脈盡

허기진 배
샘물로 벌컥벌컥 채워도
달밤 그냥 즐겁던
마당재

긴 머리
달빛에 감아 두르고
너울너울 춤을 추던
상엿집 가시내의
환장하게 아름다운
그림자

지금은
그런 달빛도
달빛에 그림자를 비춰보는 아이들도
없지만

짚여물 넣어
黃土로 이겨 바른 흙벽의 틈새로 스며든 달빛에
부엉이 울음 섞여 들리던
그 시절이 정말 그리워

우러러 달
바라보노라면
마치, 어젯밤 일인 양

달빛에 어리는
상엿집 가시내의
고운 그림자
아아!
뼈저리도록 슬픈 춤사위

ㅁ마당재: 전주시 남노송동 기린봉麒麟峰 아래에 있는 마을

—「달빛(2)」의 전문

이 시는 '화려 미'와 '비애 미'가 함께 혼존混存한다.

〈보릿고개(지친 바람)〉 → 〈달밤〉 → 〈(미친) 상엿집 가시내〉 → 〈슬프고 아름다운 회억〉으로 진행되는 시의 구조가 서정시이면서 서사성을 짙게 여민다.

근대로 오면서 우리나라 춘궁기는 얼마나 비참한 경험이었던가? 춘궁기를 대명사화한 보릿고개는 벌써 어휘 자체가 눈물샘을 자극한다. 이 시에서 궁핍과 간난을 의미하는 표현은 하나도 없다. 그러나 이미 그런 내용을 내포하며 상징화되어 있다.

《미친 여인네의 아름다운 춤사위》는 서로 이미지적 아이러니가 팽배하다.

달빛은 또한 어떠한가? 아름다우면서(낭만적이면서) 한편 절절한 비애감을 머금고 있지 않은가?

한 편의 시에서 민족적 애환이 사무쳐 있다. 상엿집 가시

내는 미치지 않고는 견딜 수 없는 우리의 민족을 표상한다. 시가 매우 감동을 유발시킨다.

날고 싶다
날고 싶다

멀리 높이
오래오래 날려면
세상살이 욕심을 비우란다.
날개를 지탱하는
죽지뼈도 비우란다.

그러고도 죽지에
혹시 남은
슬픔이 있는가?

그마저 훌훌 털어
상처투성이의
가슴속까지 투명하게 비쳐야
비로소 구름보다 더 높이
하늘을 날 수 있단다.

난다는 것은
바람을 타는 일
버릴 것 다 버리고
바람에 온몸
그냥 맡기는 일이지.

그러나 너무
억울하고 기막혀서
끝끝내 갚아야 할 슬픔이 있다면
그것은 어쩌지 못할
情 때문이거니……

하늘을 훨훨
날고 싶은가?

情이
무거운 짐이 될 양이면
이도저도 다 버리란다.

아아! 높고 높은 하늘
아득한 저 하늘

—「날개」 전문

이상의 단편 『날개』가 연상되는 작품이다.

나를 버리며 내 영혼을 허虛와 공空에 의탁하는 모습이다. 이것은 완전 초월을 지향한다. 색色이 공空으로 환원되는 불교적 의식의 발원이다. 사단칠정四端七情의 인간사 모든 애환도 벗고, 순간이 영원으로 귀속되고, 개별적 생명, 개체적 생명이 우주 생명에 합일되는 초월적 자아가 시의 결기를 이끌고 간다.

결국 무념무상無念無想과 무장무애無障無礙의 단계를 지나 허허虛虛 공공空空에 귀의 한다. 현실의 문제에 입각해서는 유교적이요, 무위자연에 귀의하는 형모는 도교적이며, 색즉시공色卽是空하는 불교적 기풍이니 하나의 시에서 유불선의 융합을 만난다. 한편 '높고 높은 하늘/아득한 저 하늘'을 지향하는바 하나님의 말씀에 순종하는 이 모습은 참 기독교인의 삶이 아닌가!

사상적 주제적 의미 강조는 전혀 그 기색을 띄지 않지만 서정시로서 무한 암유를 보듬는 탁월한 시라 아니할 수 없다.

꽃에도 혼이 있어
혼이 나가면 꽃이 시든다.

빨간 혼은 빨간 꽃
노란 혼은 노란 꽃
하얀 혼은 하얀 꽃을
색색으로 피우다
어느 날 홀연히
하늘로 불려 가는데
이를 昇天이라고 한다.

하늘에 올라가
혼은 제 빛깔대로
빨간 별 노란 별
하얀 별이 되어
하늘의 울안을
빛깔대로 밝혀주는데

千里 길
혹은, 萬里 길
밤하늘을 헤치며
길을 찾아오다
지쳐 있는 사람들의
마지막 旅程의
길잡이가 되어
새벽하늘에 빛나는
黎明

영혼이 슬픈 사람들에게
그 혼의
昇天이 이루어진다.

―「승천」 전문

별은 하늘에서의 이상이요, 진리이며, 참 생명인데 한편 꽃은 지상에서의 이상, 진리, 생명 등을 동시에 함유하며, 진선미 그 자체이다. 또한 꽃은 다양한 색깔의 사람을 상징한다. 이 시는 각각 개성 있는 사람들의 영혼이 하늘에 닿아 별이 되어가는 과정을 읊고 있다.

하늘엔 별, 땅에는 꽃, 그리고 그 중간에 사람이 있는데 이 세 가지가 합일되고 있다. 의미적 요소는 미약하나 그 상징성이 뛰어나며 미적 형상화가 탁월하다.

김환생 시인의 시는 사상적 다양화가 각별하다. 초월적

상징과 유불선을 함께 융합하며 동양적 사조에 접근한다. 한편 그 내면을 조용히 드려다 보면 이러한 유불선 사상들이 모두 기독교적 세계관에 녹아들어가 있음을 살필 수 있다.

뭐니뭐니 해도 서정시의 본류에 속해 있는 시인의 시를 살피며 시인으로서의 경륜이 높이 쌓여지고 있음에 칭송을 아끼지 않는다.

김환생 시집

노송老松

초판 1쇄 인쇄 2019년 9월 5일
초판 1쇄 발행 2019년 9월 10일

지은이 김환생
발행인 서정환
펴낸곳 신아출판사
주 소 전라북도 전주시 완산구 공북1길 16
전 화 (063) 275-4000, 252-5633
팩 스 (063) 274-3131
이메일 sina321@hanmail.net
출판등록 제465-1984-000004호
인쇄 · 제본 신아출판사

ISBN 979-11-5605-665-2 03810

값 10,000원

이 도서의 국립중앙도서관 출판예정도서목록(CIP)은 서지정보유통지원시스템 홈페이지(http://seoji.nl.go.kr)와 국가자료공동목록시스템(http://www.nl.go.kr/kolisnet)에서 이용하실 수 있습니다. (CIP제어번호: CIP2019034946)

Printed in KOREA

※ 이 책의 발간비는 2019년 전라북도 문화관광재단 문화예술창작지원사업의
지원금을 받았습니다.